Helma Rossow

Liebe Weihnachtsgrüße!

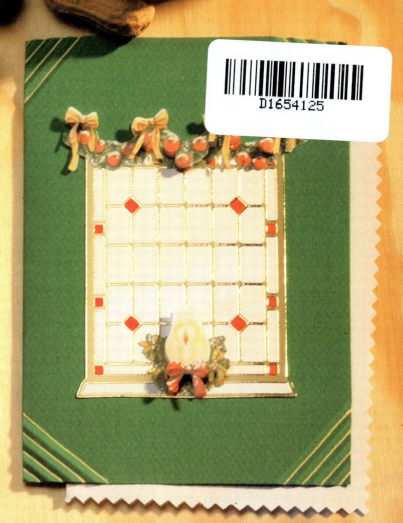

Ein feierlicher Rahmen

Schneemann am Fenster

Windlicht am Fenster
Abbildung Seite 1

Grundform 1
in Grün

Material
- Tonpapier in A5: weiß
- 3D-Bild: Girlande, Windlicht
- Sticker: Fenster
- Klebepads
- Papier-Rippler
- Gelstift in Gold
- Filzstift in Rot

Prägen Sie zunächst alle Ecken der Karte mit dem Rippler und bemalen Sie die entstandenen Rillen mit dem Gelstift. Kleben Sie den Sticker auf weißes Tonpapier und setzen Sie mit dem roten Filzstift einige Farbtupfer. Schneiden Sie den Sticker aus und kleben Sie ihn auf die Karte. Nun fertigen Sie die 3D-Motive, Girlande und Windlicht, nach der Schneideanleitung auf Seite 4/5 an. Fügen Sie diese mit Klebepads zusammen und dekorieren Sie damit Ihren Kartengruß.

Grundform 1
in Blau

Material
- Tonpapier in A5: weiß
- 3D-Bild: Schneemann, Laterne
- Sticker: Sternchen, „Frohe Festtage"
- Gelstift in Weiß
- Klebepads

Vorlagenbogen 1B

Die 3D-Bilder werden wie auf Seite 4/5 beschrieben gefertigt, fügen Sie diese mit Klebepads zusammen. Platzieren Sie den Schneemann mit der Laterne unter dem Fenster aus weißem Tonpapier und bringen Sie die Sticker an.
Viele mit Gelstift gemalte Schneeflocken machen es dem Schneemann so richtig gemütlich.

Fotos: frechverlag GmbH + Co. Druck KG, 70499 Stuttgart;
Fotostudio Ullrich & Co., Renningen

Dieses Buch enthält:
2 Vorlagenbogen

Materialangaben und Arbeitshinweise in diesem Buch wurden von der Autorin und den Mitarbeitern des Verlags sorgfältig geprüft. Eine Garantie wird jedoch nicht übernommen. Autorin und Verlag können für eventuell auftretende Fehler oder Schäden nicht haftbar gemacht werden. Das Werk und die darin gezeigten Modelle sind urheberrechtlich geschützt. Die Vervielfältigung und Verbreitung ist, außer für private, nicht kommerzielle Zwecke, untersagt und wird zivil- und strafrechtlich verfolgt. Dies gilt insbesondere für eine Verbreitung des Werkes durch Film, Funk und Fernsehen, Fotokopien oder Videoaufzeichnungen sowie für eine gewerbliche Nutzung der gezeigten Modelle.

Auflage: 5. 4. 3. 2. 1. | Letzte Zahlen
Jahr: 2005 2004 2003 2002 2001 | maßgebend

© 2001
frechverlag GmbH + Co. Druck KG, 70499 Stuttgart

ISBN 3-7724-2831-2 · Best.-Nr. 2831
Druck: frechverlag GmbH + Co. Druck KG, 70499 Stuttgart

Liebe Kartenfreunde,

es ist eine schöne Tradition zum Weihnachtsfest liebe Grüße an seine Freunde und Verwandten zu schicken. Besonders groß wird die Freude sein, wenn Sie den Weihnachtskarten Ihre ganz persönliche Note verleihen.

Verzieren Sie Ihre Kartengrüße mit glänzenden Weihnachtsstickern, 3D-Bildern, Bändern und Accessoires. Sie finden Ideen für Geldgeschenke zum Fest oder mit funkelnden Hologrammsternen geschmückte Karten.

Tannenbaum und Plätzchenduft versprechen die weihnachtlichen Serviettenmotive, die Ihre Karten verschönern. Der richtige Dreh gelingt Ihnen bestimmt mit den lustigen Drehkarten. Ob Schüttelkarten für den feierlichen Rahmen oder edle Grüße aus Transparent – da wird Ihnen das Kartenbasteln richtig Spaß machen!

Nicht zuletzt könnte es zu Heilig Abend noch recht bunt werden, wenn Sie Ihre Karten mit farbenfroh ausgemalten Stickern verzieren.

Lassen Sie sich von meinen Vorschlägen inspirieren, damit Sie immer eine gute Idee für Ihre ganz persönlichen Kartengrüße zur Hand haben.

Ich wünsche Ihnen viel Spaß beim Gestalten der weihnachtlichen Kartengrüße!

Ihre

Helma Rossow

Material und Hilfsmittel

- Künstlerkarton, 160 g, geprägt, 50 cm x 65 cm
- Tonpapier
- Kopierpapier
- Ursellepapier (Velourspapier)
- Crinclepapier
- Architektenpapier
- Wellpappe
- Dünne Pappe
- Hologrammfolie
- Schüttelkarten-Rohlinge
- 3D-Bilderbögen
- Sticker
- Bänder, Kordeln
- Wachs- und Holzperlen
- Servietten, Serviettenkleber, Pinsel
- Windradfolie
- Klebepads (doppelseitig klebend)
- Silhouettenschere
- Motivscheren
- Motivlocher
- Bordürenlocher
- Eckenlocher
- Papier-Rippler
- Bleistift, Lineal und Radiergummi
- Büroklammern
- Glitzerpaste
- Gelstifte in Gold, Silber und Weiß
- Feine Filzstifte
- Pinzette
- Klebstoff, z.B. UHU Flinke Flasche, Klebestift
- Schüttelmaterial
- Holzteilchen
- Musterbeutelklammern

Schritt für Schritt erklärt

Zuerst fertigen Sie Schablonen für die Grundformen aller Karten an, denn sie werden mehrmals benötigt. Übertragen Sie diese vom Vorlagenbogen (1A) auf Transparentpapier. Kleben Sie es auf eine dünne Pappe und schneiden Sie die Linien sauber aus. Schon ist Ihre Schablone fertig, die Sie beliebig oft verwenden können. Alle in diesem Buch gezeigten Karten sind aus geprägtem Künstlerkarton gefertigt. Sie können auch Tonkarton verwenden, der allerdings nicht zu fest sein sollte, da die Karten doppelt zugeschnitten werden. Grundsätzlich gilt: Erst falten, dann schneiden, nur so erhalten Sie eine absolut sauber geschnittene Klappkarte.
Falten Sie den Künstlerkarton an der Längsseite ca. 12 cm ein und ziehen Sie den Falz mit dem Finger nach. Legen Sie nun die Schablone mit der gewünschten Grundform an die Falzkante und ziehen Sie den Umriss mit Bleistift nach. Damit die Falzkante nicht verrutscht, fixieren Sie diese mit Büroklammern wie auf der Abbildung 1. Nun können Sie die Karte ausschneiden. So erhalten Sie aus einem Bogen Künstlerkarton genau acht Klappkarten.

Karten gestalten und verzieren

3D-Karten
Besonders hübsch werden Karten mit dreidimensionalen Bildern, die es in großer Auswahl von verschiedenen Herstellern gibt, meistens in Packungen mit drei oder vier Bogen und einer ausführlichen Schneideanleitung.
Herstellung eines 3D-Bildes (Abb. 2): Schneiden Sie Ihr ausgewähltes Motiv konturnah aus. Nun schneiden Sie ein paar kleinere Varianten des gleichen Motivs aus. Hinterkleben Sie die Einzelteile mit Klebepads und legen Sie die einzelnen Ebenen sorgfältig zum Gesamtmotiv aufeinander. Der Abstand zwischen den verschiedenen Ebenen lässt das Motiv plastisch erscheinen. Platzieren Sie das fertige 3D-Bild auf der Karte.

Schüttelkarten
Verwenden Sie bei den Schüttelkarten bereits vorgefertigte Rohlinge, die es

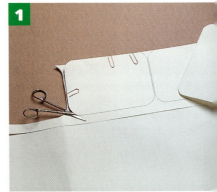

in vielen Farben und Formen gibt. Kleben Sie immer zuerst das Sichtfenster in den Rahmen der Karte. Gestalten Sie dann den Kartenteil unterhalb. Dies gelingt besonders gut, wenn Sie mit dem Bleistift das zur Verfügung stehende Feld markieren. Füllen Sie nun noch das Schüttelmaterial in das Sichtfenster und verkleben Sie die Karte sorgfältig.

Hinweis:
Alle hier beschriebenen Vorgänge werden in den einzelnen Anleitungen nicht mehr aufgeführt.

Drehkarten
Witzig und originell sind Karten mit eingebauter Drehscheibe. Die Herstellung ist ganz einfach: Schneiden Sie im oberen Drittel der Karte das Sichtfenster heraus. Die Drehscheibe wird am besten aus einem Künstlerkarton im Kontrast zur Kartenfarbe ausgeschnitten. Der Mittelpunkt der Drehscheibe und die Kartenvorderseite werden mit der Scherenspitze durchstochen. Stechen Sie die Musterbeutelklammer durch beide Löcher und biegen Sie die Klammer an der Innenseite der Karte auf. Die Drehscheibe ist nun durch das Sichtfenster zu sehen und kann mit verschiedenen Motiven, Stickern usw. dekoriert werden. Verzieren Sie die Drehkarte lieber sparsam, aber achten Sie darauf, dass der Knopf der Klammer verdeckt ist.
Beachten Sie bitte auch die Hinweise auf dem Vorlagenbogen (1A).

Karten mit Serviettentechnik
Sie können Ihre Karten auch mit der beliebten Serviettentechnik verzieren (Abb. 3). Schneiden Sie das gewünschte Motiv grob aus der Serviette heraus und lösen Sie die oberste, dünne Schicht ab. Diese wird nun mithilfe eines Pinsels und etwas Serviettenkleber auf weiße Wellpappe oder Windradfolie geklebt. Nach dem Trocknen wird die Form mit der Schere korrigiert. Sie können nun auch einzelne Motive ausschneiden.

Meine Tipps:
✂ Legen Sie in Ihre fertige Karte immer ein Einlegeblatt zum Beschriften. Nehmen Sie hierzu einfach weißes Kopierpapier in A4, das halbiert und zur Hälfte gelegt wird. Besonders schön wirken die Ränder, wenn sie mit der Motivschere geschnitten werden.

✂ Gehen Sie mit Klebstoff sparsam um, oft reicht schon ein Tropfen. Für sehr dünne Papiere verwenden Sie am besten einen Klebestift.

✂ Perlen lassen sich sehr gut auf schmales Satinband fädeln, wenn Sie eine Nähnadel mit größerem Öhr verwenden.

Sticker und Schriftzüge
Die filigranen gold- oder silberfarbenen Sticker oder Schriftzüge werden in großer Auswahl von verschiedenen Herstellern angeboten. Um Ihre Karte damit zu verschönern, kleben Sie einen Sticker auf weißes Tonpapier und malen die Flächen mit feinen Filzstiften nach Ihrem Geschmack an. Füllen Sie sie ganz oder nur teilweise, manchmal reichen schon einige Farbtupfer. Das fertige Motiv wird nun konturnah ausgeschnitten und kann ebenfalls mit Klebepads unterlegt werden.

Effekte mit Gel und Glitzer
Mit Gelstiften, die es in vielen Farben gibt, zaubern Sie wunderschöne Effekte auf Ihre Karten. Sie können damit Figuren und Sterne umranden, geprägte Wellen ausmalen, Schneeflocken gestalten und vieles mehr. Glitzerpaste, sparsam aufgetragen, setzt Ihren Karten zusätzliche Glanzlichter auf.

Motivscheren und Motivlocher
Besonders schöne Effekte erzielen Sie, wenn Sie zum Verzieren der Karten Motivscheren und Motivlocher verwenden. Im Handel werden sie in den unterschiedlichsten Formen angeboten. Für den Anfang sollten Sie sich eine der gängigsten Formen anschaffen.
Führen Sie die Schere immer in eine Richtung und setzen Sie den Schnitt jedes Mal neu an. Sie können die Konturen auch gerne mit der Schere frei Hand wellenförmig ausschneiden. Kleine Unregelmäßigkeiten sehen ganz natürlich aus.
Mit Motiv- und Rahmenlochern können Sie kleinförmige Motive in die Karte stanzen oder die gelochten Überreste auf die Karte kleben.
Mit einem Eckenlocher lassen sich z.B. die Ecken der Karten herausstanzen.
Auch ein Papier-Rippler ist vielseitig zu verwenden und sollte in Ihrer Ausstattung nicht fehlen. Mit ihm lassen sich z.B. die Ecken der Karten sehr schön prägen. Legen Sie die Ecke der Karte in den Rippler und drehen Sie die Kurbel bis zum Anschlag.

Geldgeschenke zum Fest

Blaue Geldscheinkarte
Fixieren Sie die Sternschnuppen, indem Sie nur die Sterne aufkleben. Nach dem Trocknen schieben Sie die gefalteten Geldscheine hindurch.
Mit den beiden großen Sternen und den Stickern wird die wertvolle Karte verschönert.

Rote Karte mit Geldtüte

Prägen Sie zunächst alle Ecken der Karte mit dem Rippler und malen Sie die Rillen mit dem goldfarbenen Gelstift aus. Falten Sie nun die Geldtüte nach der Vorlage an den gestrichelten Linien und kleben Sie diese an der Markierung zusammen. Fixieren Sie die prall gefüllte Geldtüte auf der Karte und bringen Sie die Sticker an.

Grundform 5
in Blau
Material
- Alu-Tonkarton in A4: rot mit Sternen
- Sticker: Sterne, „Merry Christmas"
- Geldscheine

Vorlagenbogen 1B

Grundform 1
in Rot
Material
- Tonpapier in A4: weiß mit goldenen Sternen
- Sticker: Sterne
- Papier-Rippler
- Gelstift in Gold
- Geldscheine

Vorlagenbogen 1B

Klappkarten: Sterne und Glocken

Weiße Karte mit Klappstern

Grundform 1
in Weiß
Material
- Tonpapier in A5: blau
- Sticker: „Frohe Weihnachten", Sterne
- Motivlocher: Engel
- Gelstift in Silber

Vorlagenbogen 1B

Stanzen Sie an den beiden aufklappbaren Ecken der Kartenvorderseite die Engel aus. Die inneren Ecken der anderen Kartenhälfte bekleben Sie mit blauem Tonpapier. Die überstehenden Ränder werden nach dem Trocknen mit der Schere korrigiert.
Aus doppelt gelegtem blauen Tonpapier schneiden Sie den aufklappbaren Stern nach der Vorlage aus. Kleben Sie ihn an den oberen Rand der Karte und verzieren Sie ihn mit dem Gelstift. Schmücken Sie die Karte anschließend mit den ausgestanzten Engeln und Stickern.

Blaue Karte mit Glocken

Grundform 3
in Blau
Material
- Tonpapier in A4: weiß
- Sticker: Sterne, „Merry Christmas"
- Goldkordel, 25 cm lang
- Papier-Rippler
- Gelstift in Gold

Vorlagenbogen 1B

Prägen Sie zunächst mit dem Rippler alle Ecken der Karte und bemalen Sie die entstandenen Rillen mit dem Gelstift. Legen Sie nun das weiße Tonpapier zur Hälfte und schneiden Sie die halbe Glockenform gemäß der Vorlage viermal aus. Kleben Sie je zwei Glockenhälften an ihren Faltkanten aneinander und falten Sie sie leicht auf.
Binden Sie aus der Goldkordel eine hübsche, doppelte Schleife und kleben Sie diese oberhalb der Glocken auf.
Zum Schluss verzieren Sie Ihr Kunstwerk mit den Stickern.

Grün-weiße Karte mit rotem Stern

Grundform 1
in Weiß
Material
- Tonpapier in A4: grün und rot
- Kopierpapier in A4: weiß
- Sticker: Sterne, Engel, „Frohe Festtage"
- Satinband in Rot, 3 mm breit, 50 cm la
- Motivschere

Vorlagenbogen 1B

Schneiden Sie zunächst zwei grüne Tonpapierteile in der Größe von ca. 9 x 12 cm aus. Je eine Längsseite wird entweder mit der Motivschere oder wellenförmig frei Hand geschnitten. Beide Teile werden diagonal auf die weiße Karte geklebt. Die überstehenden Ränder werden nach dem Trocknen mit der Schere korrigiert. Bemalen Sie die Wellenlinien mit einem Gelstift.
Legen Sie rotes Tonpapier zur Hälfte und schneiden Sie den halben Stern gemäß der Vorlage zweimal aus. Die beiden Teile werden nun an ihren Faltkanten aneinander geklebt und leicht aufgefaltet. Legen Sie zum Schluss ein weißes Einlegeblatt in die Karte, binden Sie das Satinband zur Schleife und verzieren Sie die Karte mit den Stickern.

Tannenbaum und Plätzchenduft – Serviettenmotive

Beschreibung Seite 18/19

Funkelnde Sterne

Blaue Karte mit Hologrammstern

Grundform 5
in Blau

Material
- Regenbogen-Hologrammfolie in A5
- Wellpappe in A5: natur
- Sticker: Sterne, „Merry Christmas"
- Papier-Rippler

Vorlagenbogen 1B

Prägen Sie zunächst zwei Ecken der Karte mit dem Rippler.
Kleben Sie nun die Verzierung aus Hologrammfolie nach der Abbildung auf.
Fixieren Sie die beiden Sterne aus Wellpappe leicht versetzt aufeinander. Darüber wird der Hologrammstern befestigt.
Zum Schluss bringen Sie die Sticker an.

Holzbärchen unter Sternen

Grundform 6
in Grün

Material
- Tonpapier in A5: rot und mattgold
- Motivlocher: Stern
- Eckenlocher
- 2 Holzbärchen
- Klebepads

Vorlagenbogen 1B

Schneiden Sie zunächst das Oval nach der Vorlage in die Karte und stanzen Sie die Ecken mit dem Eckenlocher aus. Unterlegen Sie die ganze Kartenvorderseite von innen mit dem goldenen Tonpapier.
Verzieren Sie die Karte nun mit roten und goldenen ausgestanzten Sternen, die mit Klebepads fixiert werden.
Die beiden Holzbärchen nehmen in der Mitte Platz.

Großer Hologrammstern

Grundform 1
in Grau

Material
- Tonpapier in A5: blau und weiß
- Kopierpapier in A4: weiß
- Hologrammfolie in A5: silber
- Sticker: „Frohe Festtage"
- Satinband in Blau, 3 mm breit, 50 cm lang
- Eckenlocher: Wellen
- 4 Wachsperlen, ø 6 mm

Vorlagenbogen 1B

Stanzen Sie zunächst mit dem Eckenlocher zwei Ecken der Kartenvorderseite wie auf dem Foto aus.
Schneiden Sie die Sternform gemäß der Vorlage in das Vorderteil der Karte, unterlegen Sie das Motiv und die Ecken mit Hologrammfolie und zur besseren Stabilität mit weißem Tonpapier. Die überstehenden Ränder werden nach dem Trocknen mit der Schere korrigiert. Kleben Sie den aus blauem Tonpapier geschnittenen Stern versetzt auf den Hologrammstern.
Legen Sie zum Schluss ein weißes Einlegeblatt in die Karte. Binden Sie das Satinband, an dessen Enden die Perlen befestigt werden, zur Schleife und verzieren Sie die edle Karte mit dem Sticker.

Der richtige Dreh mit Drehkarten

Bärchen mit Geschenken
Abbildung Seite 11

Grundform 2
in Grün

Material
- Ursellepapier in A4: rot
- 3D-Bild: Bärchen
- Sticker: Sternchen
- Motivlocher: Stern
- Klebepads

Vorlagenbogen 1A

Drehkarte mit Bärchen

Dekorieren Sie die Drehscheibe aus weißem Künstlerkarton mit Stickern und ausgestanzten Sternen. Das Bärchen wird aus braunem Tonpapier nach der Vorlage ausgeschnitten. Bemalen Sie sein Gesicht und die Schleife mit Filzstift und befestigen Sie es mit Klebepads auf der Karte, sodass die Musterbeutelklammer verdeckt wird. Lassen Sie um das Bärchen herum einige ausgestanzte Sterne tanzen. Verschönern Sie den Umriss noch mit dem goldfarbenen Gelstift.

Grundform 3
in Grün

Drehkartenelement
in Weiß

Material
- Künstlerkarton in Weiß
- Tonpapier in A5: rot, braun
- Sticker: „Merry Christmas", „Frohe Festtage", Bär, Sterne
- Motivlocher: Stern, Schleife
- Klebepads
- Gelstift in Gold
- Filzstift in Schwarz, Weiß
- 1 Musterbeutelklammer

Vorlagenbogen 1A

Kleben Sie den Rahmen aus rotem Ursellepapier auf die Karte. Schneiden Sie das 3D-Bild aus (vgl. Seite 4/5) und fügen Sie es mit Klebepads zusammen. Platzieren Sie das fertige Bild in der Mitte des roten Rahmens. Nun verzieren Sie das niedliche Motiv mit ausgestanzten Sternen und Sternchenstickern.

Drehkarte mit Tannenbaum

Grundform 6
in Rot

Drehkartenelement
in Weiß

Material
- Künstlerkarton in Weiß
- Tonpapierreste: grün und rot
- Sticker: „Merry Christmas", „Frohe Weihnachten"
- Motivlocher: Stern
- Motivschere
- Glitzerpaste in Gold
- Klebepads
- 1 Musterbeutelklammer

Vorlagenbogen 1A

Runden Sie die Ecken der Karte mit der Motivschere ab. Verzieren Sie die Drehscheibe aus weißem Künstlerkarton nun mit Stickern und ausgestanzten Sternen. Schneiden Sie die Tanne aus grünem Tonpapier nach der Vorlage aus und fixieren Sie sie mit Klebepads über der Musterbeutelklammer. Dekorieren Sie die fertige Karte mit goldfarbener Glitzerpaste und ausgestanzten Sternen.

Weihnachtsgrüße in 3D

Turteltäubchen im Schnee

Grundform 1
in Weiß

Material
- Tonpapier in A4: grün
- 3D-Bild: Wintervögel
- Sticker: Sterne
- Motivlocher: Stern
- Eckenlocher: Ilexblatt
- Glitzerpaste in Gold
- Klebepads

Vorlagenbogen 1B

Stanzen Sie zunächst mit dem Eckenlocher die beiden Ecken der Kartenvorderseite wie auf dem Foto aus. Die inneren Ecken der anderen Kartenhälfte werden mit grünem Tonpapier beklebt und die überstehenden Ränder nach dem Trocknen mit der Schere korrigiert.
Schneiden Sie das Fenster aus grünem Tonpapier aus. Kleben Sie dieses und einige mit dem Motivlocher ausgestanzte Sterne auf. Schneiden Sie das 3D-Bild nach der Anleitung auf Seite 4/5 aus und fügen Sie das Motiv mit Klebepads zusammen.
Kleben Sie das fertige Bild auf die Karte und verzieren Sie Ihr Kunstwerk zum Schluss mit Glitzerpaste und Sternstickern.

Mein Tipp:
Falls Sie den Eckenlocher falsch angesetzt haben, kann die Karte dennoch verwendet werden. Bekleben Sie einfach die beiden oberen, falsch ausgestanzten Ecken mit Tonpapier, eventuell in einer Kontrastfarbe.

Bärchen mit Geschenken
Beschreibung Seite 12

Weiße Winterlandschaft

Schneiden Sie ein 8 cm x 17 cm großes Stück aus blauem Tonpapier und gestalten Sie den Rand wellenförmig mit der Motivschere oder frei Hand. Kleben Sie das Papier auf die Karte und korrigieren Sie die überstehenden Ränder nach dem Trocknen mit der Schere.
Betonen Sie den wellenförmigen Rand zusätzlich mit dem silberfarbenen Gelstift. Schneiden Sie das 3D-Bild nach der Anleitung auf Seite 4/5 aus und fügen Sie es mit Klebepads zusammen. Kleben Sie das Bild auf die Karte und bringen Sie die Sticker an.
Legen Sie ein weißes Einlegeblatt in die Karte und binden Sie die Silberkordel zur Schleife.

Grundform 1
in Weiß

Material
- Tonpapier in A4: blau
- Kopierpapier in A4: wei
- 3D-Bild: Winterlandschaft
- Sticker: „Frohe Festtage Sterne
- Silberkordel, 50 cm lan
- Evtl. Motivschere
- Gelstift in Silber
- Klebepads

Edle Grüße aus Transparent

Silberstern mit Schweif

Grundform 1
in Blau
Material
- Transparentpapierrest
- 3D-Aluwellpapperest: silber
- Sticker: „Frohe Festtage"
- Eckenlocher: Wellen
- Gelstift in Weiß

Vorlagenbogen 1B

Schneiden Sie zunächst das Fenster nach der Vorlage aus der blauen Karte. Stanzen Sie mit dem Eckenlocher zwei Ecken heraus und hinterlegen Sie die gesamte Kartenvorderseite mit Transparentpapier. Korrigieren Sie die Ränder nach dem Trocknen. Platzieren Sie den Silberstern mit Schweif aus Aluwellpappe sowie den Sticker und lassen Sie mit dem weißen Gelstift die Schneeflocken tanzen.

Transparenter Tannenbaum

Grundform 3
in Creme
Material
- Kopierpapier in A4: weiß
- Transparentpapier in A5
- Schleifenband, blau-gold kariert, 5 mm breit, 50 cm lang
- Textile Streutanne in Gold
- Bordürenlocher
- Gelstift in Gold

Vorlagenbogen 1B

Verzieren Sie zunächst mit dem Bordürenlocher den oberen und unteren Rand der Kartenvorderseite und malen Sie die Bordüren mit dem Gelstift aus. Nun schneiden Sie ein ca. 14 cm x 20 cm großes Stück Transparentpapier, falten es zur Hälfte und schneiden den Rand frei Hand leicht wellenförmig. Die Tanne wird nach der Vorlage aus der Vorderseite herausgeschnitten. Verzieren Sie das Transparentpapier mit dem Gelstift, kleben Sie es am linken Rand der weißen Karte fest und fixieren Sie die Tanne. Legen Sie ein Einlegeblatt in die Karte und binden Sie das karierte Band zur Schleife.

Großer Transparentstern

Grundform 4
in Dunkelblau
Material
- Tonpapierreste: weiß und gold
- Transparentpapierrest
- Sticker: Glocke
- Schleifenband, blau-gold kariert, 5 mm breit, 15 cm lang
- Motivlocher: Stern
- Filzstift in Blau
- Klebepads

Vorlagenbogen 1B

Schneiden Sie den Stern aus der Kartenvorderseite und hinterlegen Sie die gesamte Seite mit Transparentpapier. Korrigieren Sie die Ränder nach dem Trocknen. Kleben Sie den Glockensticker auf ein Stück weißes Tonpapier und schneiden Sie es nach der Kontur des Stickers aus. Setzen Sie mit dem blauen Filzstift noch einige Farbtupfer und fixieren Sie den Sticker mit Klebepads in der Mitte des Transparentsterns. Verzieren Sie die edle Karte mit ausgestanzten Sternen und kleben Sie das karierte Band auf. Nach dem Trocknen werden nun noch die Bandenden begradigt.

Weihnachtliche Schüttelkarten

Bäumchen, schüttel dich!

Material
- Schüttelkarten-Rohling mit Tannenfenster in Rot
- Tonpapierrest: grün
- Crinclepapier in Grün
- Sticker: Sternchen, „Frohe Festtage"
- Motivlocher: Stern
- Holzteilchen: Paket
- Schüttelmaterial, z.B. Bunte Zuckerstreusel

Kleben Sie zunächst das Sichtfenster in den dafür vorgesehenen Ausschnitt. Das Innenteil der Karte wird mit einem ca. 9 cm x 11 cm großen Stück Crinclepapier und mit Goldsternchen beklebt.
Nun füllen Sie die Streusel in das Sichtfenster und kleben das zuvor gestaltete Kartenteil darüber. Die Fläche sollte sehr sorgfältig verklebt werden, damit kein Schüttelmaterial herausfallen kann.
Verzieren Sie die Karte noch mit ausgestanzten Sternen, Stickern und dem Paket.

Elch im verschneiten Wald

Material
- Schüttelkarten-Rohling mit rechteckigem Fenster in Blau
- Tonpapier in A5: weiß
- Sticker: Sterne, „Frohe Festtage"
- Holzteilchen: Tanne, Elch
- Gelstift in Weiß
- Klebepads
- Schüttelmaterial, z.B. Silbersternchen

Kleben Sie zunächst das Sichtfenster in die dafür vorgesehene Öffnung. Schneiden Sie für den Schnee zwei Teile von ca. 9 cm x 6 cm Größe leicht unregelmäßig aus Tonpapier und fügen Sie diese Teile ein wenig versetzt zueinander mit Klebepads zusammen. Kleben Sie den Schnee sowie die beiden Holzteilchen in das Innenteil der Karte und gestalten Sie mit dem weißen Gelstift eine hübsche Schneelandschaft. Füllen Sie die Sternchen in das Sichtfenster und verkleben Sie die Karte sehr sorgfältig.
Mit den aufgeklebten Stickern erhält Ihre Karte den letzten Schliff.

Flöckchen im Kerzenschein

Material
- Schüttelkarten-Rohling mit rundem Fenster in Creme
- Tonpapier in A5: grün
- 3D-Bild: Kerze, Schleife
- Sticker: Sternchen, „Frohe Festtage"
- Motivlocher: Stern
- Klebepads
- Schüttelmaterial, z.B. Zucker

Kleben Sie zunächst das Sichtfenster in den dafür vorgesehenen Ausschnitt. Das darunter liegende Kartenteil wird mit grünem Tonpapier beklebt.
Fertigen Sie die 3D-Bilder nach der Anleitung auf Seite 4/5 an und fügen Sie sie mit Klebepads zusammen. Das Kerzenbild und die Sternchen werden in das bereits gestaltete Kartenteil geklebt. Füllen Sie etwas Zucker in das Sichtfenster und verkleben Sie die Karte sehr sorgfältig. Nun verzieren Sie Ihr Schmuckstück mit der 3D-Schleife, ausgestanzten Sternen und Stickern.

Drehkarte mit Plätzchen

Der Rahmen des Drehfensters wird mit dem Filzstift verziert. Nun bringen Sie die Serviette mit Serviettenkleber auf der Windradfolie auf und schneiden die Motive nach dem Trocknen konturnah aus.
Dekorieren Sie die Drehscheibe aus weißem Künstlerkarton sowie die Karte mit dem Backwerk. Das zur Schleife gebundene Satinband hält das weiße Einlegeblatt.

Grundform 1
in Weiß
Material
- Tonpapierrest: grün
- Kopierpapier in A4: weiß
- Wellpapperest: weiß
- Goldkordel, 50 cm lang
- Serviette mit Tannenbaummotiv
- Serviettenkleber
- Eckenlocher: Ilexblatt
- Gelstift in Gold

Grundform 3
in Weiß
Drehkartenelement
in Weiß
Material
- Künstlerkarton in Weiß
- Kopierpapier in A4: weiß
- Windradfolienrest, 0,2 mm stark
- Satinband in Rot, 3 mm breit, 50 cm lang
- Serviette mit Backmotiven
- Serviettenkleber
- Filzstift in Blau
- 1 Musterbeutelklammer

auf der Wellpappe angebracht, nach dem Trocknen ausgeschnitten und auf der Karte fixiert. Verzieren Sie die Karte zum Schluss mit den Sternchenstickern.

Lichter am Weihnachtsbaum

Stanzen Sie zunächst zwei Ecken der weißen Karte aus und bekleben Sie die Ecken der anderen Kartenhälfte mit grünem Tonpapier. Korrigieren Sie die Konturen nach dem Trocknen mit der Schere.
Bringen Sie nun das Serviettenmotiv mit Serviettenkleber auf der Wellpappe an und schneiden Sie es nach dem Trocknen in Form. Fixieren Sie das fertige Motiv und bemalen Sie die Karte mit dem Gelstift.
Die geknotete Goldkordel hält das weiße Einlegeblatt.

Glänzend in Gold und Silber

Engelchen und Silberglanz

Grundform 1
in Blau

Material
- Tonpapierrest: weiß
- Kopierpapier in A4: weiß
- Transparentpapierrest
- Sticker: Sterne, „Frohe Festtage"
- Silberkordel, 50 cm lang
- Transparentbandrest mit Silbersternen, ca. 10 cm breit
- Motivlocher: Engel

Vorlagenbogen 1B

Schneiden Sie das Oval nach der Vorlage aus der Karte und hinterlegen Sie es mit dem transparenten Sternenband.
Die gesamte innere Kartenvorderseite wird mit Transparentpapier beklebt. Die Konturen werden nach dem Trocknen begradigt.
Nun verzieren Sie die Karte mit den ausgestanzten Engeln und den Stickern.
Das Einlegeblatt wird von der zur Schleife gebundenen Silberkordel gehalten.

Goldsterne und Wichtelband

Grundform 6
in Rot

Material
- Tonpapier rest: weiß
- Wellpapperest: gold
- Band mit Wichtelmotiv, ca. 15 cm lang
- Motivlocher: Stern
- Gelstift in Gold

Vorlagenbogen 1B

Kleben Sie das Band mit den Wichtelmotiven auf. Die Ränder werden nach dem Trocknen begradigt.
Fertigen Sie nun die Sterne aus weißem Tonpapier und Wellpappe nach der Vorlage an. Sie werden leicht versetzt aufeinander geklebt.
Mit ausgestanzten Sternen und goldfarbenem Gelstift vollenden Sie die Karte.

Karte „Merry Christmas"

Grundform 1
in Creme

Material
- Tonpapierrest: rot
- Kopierpapier in A4: weiß
- Wellpapperest: rot
- Sticker: Sterne, „Merry Christmas"
- Satinband in Rot, 3 mm breit, 50 cm lar
- Goldbandrest mit Sternen, 5 cm breit
- Motivlocher: Stern
- Eckenlocher: Ilexblatt

Vorlagenbogen 1A

Stanzen Sie zwei Ecken der Karte aus und bekleben Sie die Ecken der anderen Kartenhälfte mit rotem Tonpapier. Die Ränder werden nach dem Trocknen mit der Schere begradigt.
Kleben Sie das Goldband hinter den Rahmen und korrigieren Sie die Konturen nach dem Trocknen. Jetzt wird die Karte mit dem roten Rahmen aus Wellpappe, einigen ausgestanzten Sternen und den Stickern dekoriert.
Eine Schleife schmückt das Satinband, das mit dem Einlegeblatt gehalten wird.

Tannenbaum und Plätzchenduft – Serviettenmotive

Abbildung Seite 16/17

Schau, der Stern von Bethlehem!

Grundform 1
  in Blau
Material
- Wellpapperest: weiß
- Transparentpapier in A5
- Serviette mit Kindermotiv
- Serviettenkleber
- Gelstift in Weiß

Schneiden Sie zunächst ein zur Hälfte gelegtes Stück Transparentpapier in der Größe von 10 cm x 13 cm leicht wellenförmig aus und umfassen Sie die blaue Karte damit.
Kleben Sie die Serviette mit Serviettenkleber auf ein Stück Wellpappe und schneiden Sie die Motive nach dem Trocknen aus.
Fixieren Sie die Motive auf der Karte und malen Sie mit dem weißen Gelstift ein Meer aus Schneeflocken auf.

O Tannenbaum!

Grundform 1
  in Creme
Material
- Tonpapier in A5: grün
- Kopierpapier in A4: weiß
- Wellpapperest: weiß
- Sticker: Sternchen
- Satinband in Grün, 3 mm breit, 50 cm lang
- Serviette mit Tannenbaummotiv
- Serviettenkleber
- Gelstift in Gold

Kleben Sie an die Längsseite der Karte grünes Tonpapier mit einer wellenförmigen Kante. Überstehende Ränder werden nach dem Trocknen begradigt und die Wellen werden mit dem Gelstift bemalt.
Bringen Sie das Serviettenmotiv auf der Wellpappe an und schneiden Sie es nach dem Trocknen in Form. Nun wird das Motiv aufgeklebt und die Karte mit Sternchenstickern dekoriert.
Das zur Schleife gebundene Satinband hält das weiße Einlegeblatt.

Adventskerze

Grundform 2
  in Weiß
Material
- Tonpapier in A5: rot
- Wellpapperest: weiß
- Sticker: Sternchen
- Serviette mit Kerzenmotiv
- Serviettenkleber
- Bordürenlocher

Schneiden Sie zunächst ein Quadrat von ca. 10 cm x 10 cm Größe aus rotem Tonpapier. Lochen Sie die Seiten mit dem Bordürenlocher und kleben Sie das Quadrat auf die weiße Karte. Das Serviettenmotiv wird mit Serviettenkleber

Heilig Abend wird's bunt!
Beschreibung Seite 28/29

Heilig Abend wird´s bunt!
Abbildung Seite 26/27

Klappkarte mit Ornament

Grundform 1 in Creme

Material
- Tonpapier in A4: grün und weiß
- Sticker: Ornament, Sterne
- Filzstift in Blau, Rot, Gelb und Grün
- Klebepads

Vorlagenbogen 1B

Schneiden Sie zunächst das grüne Klappteil aus doppelt gelegtem Tonpapier nach der Vorlage aus. Kleben Sie es auf die Karte und korrigieren Sie die Ränder nach dem Trocknen mit der Schere.
Kleben Sie nun den Sticker auf weißes Tonpapier und malen Sie das Motiv hübsch aus. Schneiden Sie das Motiv konturnah aus und kleben Sie es mit Klebepads auf die Karte. Verzieren Sie Ihre Karte zum Schluss entlang den gewellten Kanten mit den Sternstickern.

Karte mit Kerzensticker

Grundform 5 in Creme

Material
- Tonpapierrest: weiß
- Kopierpapier in A4: wei
- Transparentpapier in A5
- Sticker: Kerzen, Sterne
- Satinband in Rot, 5 mm breit, 70 cm lang
- Eckenlocher: Wellen
- 2 Holzperlen in Rot, ø 6 mm
- 2 Holzperlen in Grün, ø 8 mm
- Gelstift in Gold
- Filzstifte in Rot, Gelb ur Grün
- Klebepads

Vorlagenbogen 1B

Goldstern und Engelchen

Grundform 3 in Blau

Material
- Tonpapier in A5: weiß
- Sticker: Großer Stern, Sternchen, „Frohe Festtage"
- Motivlocher: Engel
- Filzstift in Weiß und Grün
- Klebepads

Schneiden Sie zunächst einen Streifen weißes Tonpapier von ca. 4 cm x 20 cm Größe wellenförmig aus und stanzen Sie dicht an dicht einige Engel aus. Kleben Sie den Streifen diagonal auf die Karte und korrigieren Sie die überstehenden Ränder nach dem Trocknen. Kleben Sie den Sticker mit dem großen Stern auf weißes Tonpapier, setzen Sie mit dem Filzstift einige Farbtupfer und schneiden Sie das Motiv konturnah aus.
Befestigen Sie das Motiv mit Klebepads auf der Karte und verzieren Sie diese mit den Stickern.

Klappkarte mit Winterlandschaft

Grundform 3
  in Grün
Material
  ✁ Tonpapier in A5: blau und weiß
  ✁ Sticker: Winterlandschaft, „Frohe Festtage", Sterne
  ✁ Gelstift in Gold
  ✁ Filzstifte in verschiedenen Farben
  ✁ Klebepads
Vorlagenbogen 1B

Schneiden Sie zunächst das blaue Klappteil aus doppelt gelegtem Tonpapier. Kleben Sie es auf die Karte und korrigieren Sie die Ränder nach dem Trocknen mit der Schere.
Kleben Sie nun den Sticker auf weißes Tonpapier und malen Sie das Motiv hübsch aus. Da es sich um eine Winterlandschaft handelt, genügt es nur einzelne Objekte farblich hervorzuheben. Schneiden Sie das Motiv aus und kleben Sie es mit Klebepads auf die Karte.
Verzieren Sie nun die blaue wellenförmige Kante mit dem goldfarbenen Gelstift und kleben Sie die Sticker auf.

Schneiden Sie zunächst das Oval nach der Vorlage aus der Karte, stanzen Sie die beiden Ecken aus und hinterlegen Sie die gesamte Kartenvorderseite mit Transparentpapier. Kleben Sie den Sticker auf ein Stück weißes Tonpapier und malen Sie das Motiv mit feinen Filzstiften hübsch aus. Schneiden Sie die Kerzen aus und platzieren Sie sie mit Klebepads auf der Karte. Bringen Sie die Sternsticker an und malen Sie diese bunt aus. Das Oval wird mit goldfarbenen Tupfern verschönert. Das mit Perlen verzierte Band hält das Einlegeblatt und wird zur Schleife gebunden.

Grundform 1
  in Grau
Material
  ✁ Tonpapierreste: weiß, grün und rot
  ✁ Sticker: „Merry Christmas", Tanne, Bordüre, Sternchen
  ✁ Motivlocher: Schleife
  ✁ Filzstifte in verschiedenen Farben
  ✁ Klebepads
Vorlagenbogen 1B

Weihnachtsbaum am Fenster

Kleben Sie den Tannensticker auf weißes Tonpapier und malen Sie ihn mit feinen Filzstiften bunt aus. Schneiden Sie das Motiv konturnah aus und befestigen Sie es am rechten Kartenrand mit Klebepads.
Kleben Sie das Fenster aus grünem Tonpapier mit der roten Schleife auf die Karte und verzieren Sie Ihr Kunstwerk mit den Stickern wie auf der Abbildung.

Grundform 1
in Weiß

Material
- Tonpapier in A4: dunkelgrün und weiß
- Sticker: Glocken
- Satinband in Rot, 5 mm breit, 25 cm lang
- Gelstift in Gold
- Klebepads

Vorlagenbogen 1B

Klappkarte mit Glöckchen

Schneiden Sie zunächst das dunkelgrüne Klappteil aus doppelt gelegtem Tonpapier. Der Kreis wird nur aus der oberen Lage ausgeschnitten. Kleben Sie das Ganze nun auf die weiße Karte und korrigieren Sie die überstehenden Ränder nach dem Trocknen mit der Schere. Bemalen Sie das Klappteil entlang der Ränder mit goldfarbenem Gelstift und kleben Sie die rote Satinschleife auf. Kleben Sie nun den Glockensticker auf weißes Tonpapier, malen Sie das Motiv aus und schneiden Sie es konturnah aus. Platzieren Sie Ihr Schmuckstück mit Klebepads im Kreis.

Glänzende Weihnachtssticker

Bärchen zu Heilig Abend

Grundform 1
in Blau

Material
- Tonpapierrest: weiß
- Wellpapperest: natur
- Sticker: Bären, Sterne, „Frohe Weihnachten"
- Eckenlocher: Wellen
- Klebepads
- Filzstifte in verschiedenen Farben

Stanzen Sie zunächst zwei Ecken der Karte aus und heben Sie die herausgefallenen Teile auf. Bekleben Sie die darunter liegenden und die beiden noch freien Ecken mit Wellpappe. Nach dem Trocknen werden die Konturen mit der Schere korrigiert. Mit den beiseite gelegten Teilen verzieren Sie nun die Wellpappe.
Jetzt werden die Bären auf weißes Tonpapier geklebt, hübsch angemalt und konturnah ausgeschnitten. Fixieren Sie die drei mit Klebepads und schmücken Sie die Karte mit den restlichen Stickern.

Bunter Kerzensticker
Abbildung Seite 32

Schneiden Sie zunächst ein Stück rotes Tonpapier von ca. 12 cm x 14 cm Größe zu. Eine Längsseite wird mit der Motivschere gestaltet und diagonal auf die Karte geklebt. Überstehende Ränder werden nach dem Trocknen mit der Schere korrigiert.
Kleben Sie nun den Kerzensticker auf weißes Tonpapier und malen Sie das Motiv in den Farben Ihrer Wahl hübsch aus. Schneiden Sie Ihr Kunstwerk aus und kleben Sie es mit Klebepads auf die Karte.
Das Einlegeblatt wird von der zur Schleife gebundenen Goldkordel gehalten. Zum Schluss wird noch der Schriftzug angebracht.

Grundform 4
in Grün

Material
- Tonpapier in A5: rot und weiß
- Kopierpapier in A4: weiß
- Sticker: Kerzenmotiv, „Frohe Weihnachten"
- Goldkordel, 50 cm lang
- Motivschere: Büttenrand
- Filzstifte in verschiedenen Farben
- Klebepads

Bunter Kerzensticker
Beschreibung Seite 31

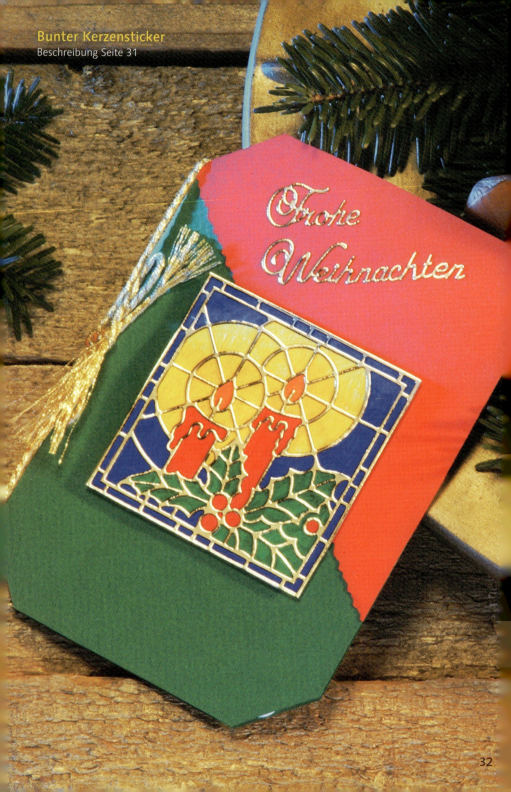